Das Buch der Schöpfung

Das Buch der Schöpfung

Erzählt von Max Bolliger nach Pierre-Marie Beaude
Illustriert von Georges Lemoine

Herder Freiburg · Basel · Wien

Titel der französischen Originalausgabe:
Le Livre de la Création

Dritte Auflage

Printed in Germany

Herstellung: Freiburger Graphische Betriebe 1991
ISBN 3-451-21349-4

Am Anfang

*Zwei Hirten,
ein Vater und sein Sohn,
ziehen mit ihrer Herde
durch die Wüste.
Die Sonne ist untergegangen.
Zwischen großen Steinen
lassen sie sich nieder.
Jonathan hat die Herde
zusammengetrieben.
Elias teilt das Brot.
Sie essen Feigen dazu
und trinken Sauermilch.
Es wird Tage dauern,
bis sie wieder ins Lager
neben der Wasserstelle
zurückkehren,
wo die Familie
auf sie wartet.*

*Jonathan freut sich,
mit seinem Vater
allein zu sein.
Elias wird ihm
Geschichten erzählen,
Geschichten
über das Leben der Hirten,
über die Wüste,
von ihren Wundern und Gefahren.
Es sind Geschichten,
die er selbst erlebt
oder von seinem Vater
gehört hat.*

*Erzähle mir die Geschichte
von der Erschaffung der Welt!
bittet Jonathan.
Es ist keine Geschichte
wie die andern.
Wer sie verstehen will,
muß die Welt,
die ihn umgibt,
mit offenen Augen betrachten,
die Wolken am Himmel,
die Pflanzen und Tiere.
Er muß den Wind
in den Bäumen hören
und die Stille in der Nacht.
Jonathan ist bereit dazu.*

Es werde Licht

*Die Erde schläft.
Die zusammengetriebene Herde
ist ruhig geworden.
Elias und Jonathan
wickeln sich
in ihre Mäntel ein.
Der Himmel
färbt sich rot.
Vor Jonathans Augen
breitet sich die Wüste aus.
Es ist, als hätte noch nie
ein Lebewesen
sie durchschritten.
Es ist wie ein Anfang.*

*Elias schließt die Augen.
Wie könnte es gewesen sein?
Nur Gott hat ihn gesehen,
den ersten Morgen der Welt.
Schau, Jonathan,
jeder Morgen ist wieder neu.
Wenn du erwachst,
denke dir,
es sei das erstemal.*

*Öffne langsam deine Augen!
Über dir wölbt sich der Himmel.
Vor deinen Augen liegt die Wüste.
Und wo sie sich berühren,
ist der Horizont.
Du hörst Geräusche,
die dir fremd sind.
Es ist das Sprudeln einer Quelle
und das Rauschen des Windes.
Die Welt schaut dich an.
Entdecke mich!
sagt sie.*

*Am ersten Morgen der Welt
gab es weder Meere noch Flüsse,
weder Berge noch Täler.
Als Gott die Welt schuf,
war sie öde und leer.
Sie war wie ein tauber
und blinder Körper,
aber voller Erwartung,
weil Gott ihn liebte.*

Er machte sich an die Arbeit.
Er formte Worte.
ES WERDE LICHT!
sprach er.
Und es wurde Licht.
Gott sah, daß das Licht gut war.

Er schied es von der Finsternis,
und er nannte das Licht Tag,
und die Finsternis
nannte er Nacht:
Es wurde Abend,
es wurde Morgen.
Das war der erste Tag.

Gott trennte
Himmel
und Erde,
Höhen und
Tiefen,
Länder und
Meere.

Am Firmament sollen Lichter sein

*Jonathan schläft.
Elias ist wach geblieben.
Die neugeborenen Lämmer
brauchen ihn.
Am Fuße eines Felsens
entdeckt er eine Quelle,
nur ein winziges Rinnsal.
Aber es genügt,
um den Durst der Tiere
zu stillen.*

*Der Mond und die Sterne
sind verblaßt.
Im Osten dämmert es.
Bald wird am Horizont
die Sonne erscheinen.
Es ist Zeit,
Jonathan zu wecken,
wenn er den neuen Morgen
erleben will.
Warum wartet der Mond
nicht auf die Ankunft der Sonne?
fragt Jonathan.*

*Sonne und Mond
gleichen zwei Herrschern,
antwortet Elias.
Jedem hat Gott
ein Reich geschenkt,
und keiner wird es dem andern
streitig machen.*

*Ich bringe euch das Licht,
ich bin das Leben,
sagt die Sonne.*

*Ich erfülle die Dunkelheit
mit meinem silbernen Glanz,
sagt der Mond.*

Sonne und Mond gleichen zwei Herrschern. Jedem hat Gott ein Reich geschenkt.

Die Hitze der Sonne
kann voller Gewalt sein.
Die Kühle des Mondes
löscht sie wieder aus.
Gott hat beide geschaffen,
den Mond und die Sonne.

Von vielen Menschen
wurden Sonne und Mond
für Götter gehalten.
Es sind keine Götter,
aber laß uns dem
unsichtbaren Gott
jeden Tag von neuem
für sie danken,
auch für die Sterne.
Sie sind die Zeichen
am Himmel,
damit wir Hirten
den Weg nicht verlieren.

Junges Grün spriesse aus der Erde

Es ist Mittag.
Elias und Jonathan
rasten im Schatten
einer Steingruppe.
Auch die Schafe und Ziegen
haben sich hingelegt.
Die Luft flimmert.
Alles verschwimmt
in der Mittagsglut.
Erzähle mir,
wie die Erde grün wurde,
bittet Jonathan.

Am Ende unserer Wanderung
werden wir zusammen
auf einem Hügel stehen,
erzählt Elias.
Vor unsern Augen
wird ein Tal liegen,
voll von Bäumen,
Äckern und Wiesen.
Du hast versucht,
einen Morgen zu erleben,
als sei es der erste.

Nun stelle dir vor,
wie es war,
als Gott sprach:
Junges Grün
spriesse aus der Erde,
Blumen, Kräuter und Bäume,
die blühen,
die Samen und Früchte tragen.

Junges Grün
sprieße
aus der Erde,
Gräser, Kräuter
und Bäume.

Bis in die Berge hinauf
wuchsen die Pflanzen,
ertrugen Frost und Hitze
und vermehrten sich,
bevor sie starben.
Die Pflanzen
fangen den Regen ab,
damit er langsam
im Boden versickern kann
und wieder zu einer
neuen Quelle wird.
Ohne die Pflanzen
könnten wir nicht leben.
Dein Großvater
liebte Pflanzen besonders.
Er beobachtete sie
und lehrte mich,
daß jede ihre eigene Form,
ihren eigenen Duft
und ihr eigenes Wesen besitzt.

Die Palme lebt mit dem Himmel,
und dennoch ist sie
mit ihren Wurzeln
der Erde verbunden.

Der Olivenbaum
ist dem Menschen
wie ein treuer Gefährte.
Der Weinstock
gleicht dem Bauern,
der ihn pflegt.
Wie du und ich,
hat auch jede Pflanze
einen Namen,
Lorbeer, Myrte, Balsam,
Anemone, Fenchel, Rose
und Oleander ...
Wenn du ihnen begegnest,
begrüße sie wie Freunde,
und achte und schütze sie.
Sie bieten den Menschen Schutz
vor Unwettern und Hitze.
Sie schenken ihm Nahrung,
heilen Wunden
und machen Kranke gesund.

Zerstöre keine Pflanze!
Fälle nie einen Baum,
wenn es nicht nötig ist!
Freue dich an ihnen!

Gräser, Kräuter
und Bäume,
die blühen,
die Samen und
Früchte tragen.

In der Luft sollen Vögel fliegen

Elias und Jonathan
sind zu ihrem Stamm
ins große Zeltlager
zurückgekehrt.
Sie wollen sich
ein paar Tage ausruhen.
Jonathan ist glücklich,
seine Mutter Sara,
seine Schwestern und Brüder,
die Vettern und die Basen
wiederzusehen.
Die ganze Sippe kommt herbei,
um Elias und Jonathan
zu begrüßen.
Sie haben sich viel
zu erzählen.
Auch die Tiere sind froh,
im Schatten zu liegen
oder sich im Wasser
zu tummeln.
Ein Ziegenbock stößt
ein Lämmchen zur Seite,
aber es wehrt sich.
Elias lacht.
Was wäre die Welt
ohne die Vielfalt
der Tiere!
sagt er zu Jonathan.
Siehst du den schwarzen Punkt
am Himmel?
Es ist ein Raubvogel.
Wie die kleinen Vögel
mit ihren freundlichen Stimmen
gehört auch er zur Schöpfung.
Und in den Hügeln die Gazellen!
In der Dunkelheit
nähern sie sich unsern Zelten
und hoffen Nahrung zu finden.

Und Gott sprach: Das Wasser soll von Fischen wimmeln! Durch die Lüfte sollen Vögel fliegen!

Gott schuf die kleinen und großen Tiere, jedes nach seiner Art.

Morgen wirst du ihre Spuren
im Sand erkennen.
Und die Eidechsen, die Käfer,
die Heuschrecken, die Schlangen
und die Löwen ...
Und die Tiere im Wasser,
die Fische und Muscheln
und Korallen ...
Gott wollte, daß sie
auf der Erde zusammenleben.
Er segnete sie und sprach:
SEID FRUCHTBAR!
MEHRET EUCH!
FÜLLET DIE WASSER
UND FÜLLET DIE LUFT!

Elias wird nicht müde,
Jonathan immer wieder
neue Tiere zu zeigen
oder sie zu beschreiben.
Und Jonathan hört nicht auf,
über ihre Vielfalt zu staunen.

Seid fruchtbar und mehret euch

Jonathan rennt
einer Ziege nach,
die sich verlaufen hat.
Die zusammengetriebene Herde
ist unruhig.
Elias versucht,
sie mit seiner tiefen Stimme
zu besänftigen.
Ein Sandsturm
wird aufkommen.
Jonathan merkt nichts davon.
Die Tiere spüren ihn
vor den Menschen,
sagt Elias.
Sie besitzen Kräfte
und wissen um Geheimnisse,
die uns verlorengegangen sind.
Es ist der Instinkt.
Schau dir das Lämmchen an!
Kaum ist es aus dem Leib
der Mutter gekrochen,
leckt sie es,
stößt es,
damit es sich aufrichtet.
Kaum ist es auf der Welt,
sucht es nach den Zitzen
der Mutter.

Tiere sind unsere Freunde.
Gott hat ihnen
das gleiche Recht gegeben
wie dem Menschen.
Wie dem Menschen
gehört die Erde
auch ihnen.
Wenn sie bedroht werden,
haben sie das Recht,
sich zu wehren.

Versuche, Tiere zu verstehen.
Sie haben ihre eigene Sprache,
eine Sprache der Freude,
eine Schmerzsprache
und eine Angstsprache.
Die Tiere können dir helfen,
ein Mensch zu werden.

Jonathan denkt darüber nach,
was sein Vater erzählt.
Warum erscheinen mir Tiere
so oft in den Träumen? fragt er.
Sie wollen dich daran erinnern,
daß sie deine Gefährten sind,
antwortet der Vater.
Am Tag glaubst du
sie zu beherrschen,
aber im Traum merkst du,
daß sie seit Urzeiten her
in dir leben
und voller Rätsel sind.
Wenn du vor den Tieren
die Ehrfurcht verlierst,
wirst du dir selber fremd.

*Wenn du vor
den Tieren
die Ehrfurcht
verlierst,
wirst du dir
selbst fremd.*

Mann und Frau
sind sich ähnlich
und doch verschieden.
Aber zusammen
sind sie ein Ganzes.

Höre nun,
wie Gott den Menschen
geschaffen hat.
Er formte den Mann aus Lehm,
blies ihm seinen Atem ein
und gab ihm eine Seele.
Auch die Tiere
schuf Gott
auf die gleiche Art.

Der Mann aber war einsam.
Da versetzte ihn Gott
in einen tiefen Schlaf,
entnahm ihm eine Rippe
und schuf daraus die Frau.
Als der Mann wieder erwachte,
lag sie neben ihm,
und er sagte:

Das ist Bein von meinem Bein
und Fleisch von meinem Fleisch.

Mann und Frau sind
aus demselben Geist gemacht,
und darum ziehen sie sich
gegenseitig an.
Eines Tages, Jonathan,
wirst du Vater und Mutter
verlassen, und eine Frau
wird deine Gefährtin sein.
Ihr werdet euch bei der Hand nehmen
und euren eigenen Weg suchen.
Auch wenn er
lang und schwierig ist,
wird euch die Liebe
Geduld und Kraft schenken.

*Mann
und Frau,
zusammen
sind sie
ein Ganzes.*

Im Morgengrauen
haben Elias und Jonathan
das Lager verlassen,
haben sich wieder aufgemacht,
um nach neuen Weideplätzen
zu suchen.
Es ist mühsam,
die Schafe und Ziegen
voranzutreiben.
Sie wären lieber
unter den Palmen
und an den Wassertümpeln
geblieben.
Auch Jonathan läuft mürrisch
hinter der Herde her.
Er denkt an seine Geschwister,
an die Spiele
mit seinen Freunden.

Elias merkt schnell,
was Jonathan quält.
Den Tieren tut es leid,
daß sie das Lager
verlassen mußten, sagt er.

Aber morgen werden sie
wieder laufen, ohne daß wir sie
anzuschreien brauchen.
Ich bin wie sie, sagt Jonathan.
Der Vater lacht.
Gott hat die Menschen und die Tiere
am gleichen Tag erschaffen,
die Tiere am Morgen,
den Menschen am Abend.

Manchmal sind sie fröhlich,
und manchmal sind sie traurig.
Sie spüren die Kräfte des Wassers,
der Luft, der Erde und des Feuers.
Tiere und Menschen
sind sich in vielem ähnlich,
aber nicht gleich.

Am sechsten Tag sprach Gott:
ICH WILL MENSCHEN MACHEN,
DIE MIR GLEICHEN.
SIE SOLLEN WALTEN
ÜBER DIE FISCHE IM WASSER,
DIE VÖGEL IN DER LUFT
UND ÜBER ALLE TIERE
AUF DEM LAND.

Mit diesen Worten
schenkte Gott dem Menschen
alles, was er gemacht hatte,
und alles war sehr gut.

Am siebten Tag ruhte Gott
von seiner Arbeit aus,
und er heiligte ihn.

Darum laß deinen Esel tragen,
soviel er mag,
aber am siebten Tag
nimm den Sattel
von seinem Rücken,
und laß ihn gehen,
wohin er will.

Noch bist du jung!
Deine Großeltern sind alt.
Manchmal sitzen sie da,
die Hände im Schoß
und schauen in die Ferne.
Sie machen sich bereit
zu sterben.

Die Lebenden aber
tragen die Verantwortung
für die von Gott
geschaffene Erde.
Wenn wir sie ausbeuten
und zerstören,
wird sie uns eines Tages
zu ihren Sklaven machen.

Wir tragen die Verantwortung für unsere Erde.

Ich habe Angst, und ich verstecke mich

Über der Wüste
schimmern die Sterne
am Himmel.
Die Legende vom Ursprung
der Welt
ist zu Ende.
In der Ferne
hört Jonathan
das Heulen eines Fuchses.
Er ist auf der Jagd
nach einer Beute.
Wer wird sein Opfer sein?
denkt Jonathan.
Der Vater errät
seine Gedanken.
Manche Tiere jagen bei Nacht,
andere bei Tag,
sagt er.
Sie tun es nur dann,
wenn der Hunger sie
dazu zwingt.
Nur die Gier des Menschen
kennt keine Zeit.

Das führt zu Krieg
und großem Unglück.
Du hast Angst.
Laufe nicht davon,
sonst wird dich das,
wovor du dich fürchtest,
verfolgen.

Nur die Gier
des Menschen
kennt keine
Zeit.

Aber wenn du es anschaust
und beim Namen nennst,
kannst du es zähmen.
Stelle dich gegen Menschen,
die vernichten wollen,
was ihren Machtgelüsten
im Wege steht.
Aber zuerst lerne,
dich selbst zu beherrschen.
Mache dir Menschen,
Tiere und Pflanzen
zu Freunden,
indem du sie anhörst
und zu verstehen versuchst.

Mein Vater erzählte mir
eine kleine Geschichte.
Ich möchte sie dir
wieder erzählen,
und auch du, Jonathan,
wirst sie eines Tages
deinen Kindern weitergeben.
Es gibt Geschichten,
über die nachzudenken
sich lohnt,
ein Leben lang.

‚Versteckt unter einem Stein
lag ein fremdes Tier.
Ein Mensch entdeckte es
und sagte:
Du bist eine Schlange.
Und sie biß ihn.
Da kam ein anderer Mensch
und sagte:
Du bist ein Vogel.
Darauf flog das fremde Tier
zum Himmel hinauf.‘

Die Genesis – Das erste Buch der Heiligen Schrift

Das erste Buch der Heiligen Schrift trägt den Namen „Genesis". Es beginnt mit den Worten: „Im Anfang schuf Gott Himmel und Erde; die Erde aber war wüst und wirr ..." Darauf folgt ein wunderschönes Gedicht über die Erschaffung der Welt: Gott spricht, und die Welt entsteht: der Tag und die Nacht, der Himmel, das Meer, Pflanzen und Tiere, Mann und Frau. – Und alles war gut.
Anschließend an dieses Gedicht erzählt die Heilige Schrift noch einmal von der Erschaffung der Welt. Auch diese zweite Erzählung wurde sehr bekannt: sie spricht von der Erschaffung des Gartens Eden, von Adam und von der Zeugung Evas aus einer Rippe Adams. Nach dem Bericht über die Erschaffung der Welt erzählt das Buch Genesis von Adam und Eva, ihrem Sündenfall und ihrer Vertreibung aus dem Paradies; dann von Kain und Abel, von der Sintflut und dem Turmbau zu Babel. Insgesamt sind elf Kapitel dieses ersten Buches der Heiligen Schrift der Urgeschichte der Menschheit gewidmet.

Wann sind diese Erzählungen entstanden?

Ihren Ursprung haben diese Erzählungen in der mündlichen Überlieferung, die vom Vater an den Sohn weitergegeben wurde. Irgendwann wurden sie dann niedergeschrieben. Das erste Gedicht von der Schöpfung entstammt einer Textsammlung, die in Kreisen von Priestern zusammengestellt wurde, und zwar während der Babylonischen Gefangenschaft der Juden (587–538 v. Chr.). Die zweite Schöpfungserzählung ist der Beginn einer Schrift, welche in der Zeit der Könige Israels entstanden ist, vielleicht schon zur Zeit des Königs Salomo (gestorben 933 v. Chr.). Diese genauen Erkenntnisse über die Entstehungszeiten dieser Schriften sind nicht uninteressant: wenn wir z. B. wissen, daß die erste Erzählung von der Entstehung der Welt in den Jahren des Exils in Babylon entstanden ist, muß sie erscheinen als ein wunderbares Lied der Hoffnung: Die Verbannten in Babylon haben alles verloren; ihre Stadt, ihr Land und ihre Häuser wurden bei der Eroberung Jerusalems zerstört, ihre Freunde und Verwandten erschlagen. Wo bleibt ein Grund zur Hoffnung? Unter den Verbannten leben auch Priester aus Jerusalem. Sie wollen sich nicht damit abfinden, daß alles verloren ist. Sie besinnen sich auf die alten Traditionen ihres Volkes, und sie schreiben diese Geschichte neu. Es ist der Gott Israels, der die ganze Welt erschaffen hat! Er ist es, der die Sonne gemacht hat und den Mond, damit sie die Erde erleuchten – die Babylonier dagegen verehrten diese Gestirne als Götter! Diesem seinem Gott darf sein Volk vertrauen! Wenn es seine Gebote beachtet, wird er es in eine neue Zukunft führen.

Was ist das Einmalige am Buch Genesis?

Alle großen Kulturen der Menschheit kennen Erzählungen von dem Beginn der Welt, auch lange vor der Entstehung der Bibel. So erzählt das babylonische Gedicht Enuma Elisch oder das Atrachasis-Epos ebenfalls von der Erschaffung der Welt und des Menschen. Nach letzterem verdankt der Mensch seine Entstehung einem Aufruhr niederer Gottheiten gegen die sieben Obergötter, denen sie zu dienen hatten. Weil sie die ewige Plackerei leid waren, bildeten sie den Menschen, der fortan Sklave und Diener der Götter sein sollte.
Sicherlich kann man davon ausgehen, daß die Kulturen des Nahen Ostens auch die Wiege der Bibel Israels waren. Deren Einmaligkeit und Besonderheit wird davon jedoch nicht berührt. So ist in dem Gedicht Enuma Elisch die Entstehung der Welt die Folge eines Kampfes zwischen Marduk und Tiamat.

Für die Bibel steht am Anfang der Geschichte kein Streit zwischen Göttern, denn der Glaube Israels läßt nur Raum für einen Gott.
Er erschafft die Welt aus der Kraft seines Wortes. Er spricht, und was er sagt, beginnt zu existieren. Geschaffen nach dem Bilde Gottes, ist der Mensch auch nicht der Sklave Gottes. Er ist vielmehr bestimmt zum Herrn der Erde.

Vom Sinn der biblischen Schöpfungserzählungen

In unserer heutigen Gesellschaft spielen diese Erzählungen der Bibel eine untergeordnete Rolle neben den von Naturwissenschaft und Technik bestimmten Überlegungen und Argumenten. Man ordnet sie ein unter die Kategorie des Romans oder der fiktiven Erzählung.
Ganz anders war ihre Rolle in den alten Kulturen und Gesellschaften. Da prägten sie alle entscheidenden Stationen des Lebens: man bedachte sie beim Beginn eines neuen Jahres, wenn man baute, wenn man säte und pflanzte, vor dem Beginn eines Krieges etc. Wenn Gott z. B. Eva aus der Rippe des Adam gebildet hat, besagte das, daß Frau und Mann in ihrem Grunde gleich sind. Wenn es heißt, Kain, der Mörder seines Bruders, habe die erste Stadt gegründet, legte dies den Gedanken nahe, daß Gewalt auch inmitten aller unserer Städte wohnt. Und wenn Gott am siebten Tage ruhte, erlaubte dies den Schluß, daß solches Ruhen zum Wesen des Menschen, der nach dem Bilde Gottes geschaffen ist, gehörte. So wurden diese Erzählungen der Bibel bestimmend und maßgebend für das ganze Leben.

Was bedeuten die biblischen Erzählungen von der Erschaffung der Welt für uns heute?

In einer Zeit, als man die Naturwissenschaften in Gegensatz rückte zu Religion und Glauben, galten diese Erzählungen nur noch als überflüssige, nutzlose Märchen. In Wirklichkeit haben sie jedoch noch immer einen gewaltigen Einfluß auf unser Denken und unser Selbstverständnis: Wenn wir heute nicht davon ausgehen, daß die Welt das Produkt eines Kampfes zwischen rivalisierenden Gottheiten ist, wenn wir nicht akzeptieren müssen, daß der Mensch finsteren Mächten des Schicksals unterworfen ist, oder wenn wir die Hoffnung nicht aufgeben, daß es eines Tages ein Ende von Gewalt und Streit geben wird, dann ist das wesentlich auch bewirkt durch diese Texte der Heiligen Schrift, die uns darin bestärken, daß die Welt die Offenbarung eines Gottes ist, der gut ist zu den Menschen.

Wie entstand „das Buch der Schöpfung"?

Am Anfang dieses Buches standen die Worte und Lieder der Heiligen Schrift, auch Traditionen aus alten jüdischen und christlichen Kommentaren. Aus ihnen entstand eine neue Erzählung. Diese soll aber nicht die Geschichte und die Texte der Heiligen Schrift ersetzen oder verdrängen, sondern sie im Gegenteil erschließen und mit Leben füllen.

petits arbrisseaux
oued desséché
végétation

FRAGEN AN GEORGES LEMOINE, DEN ILLUSTRATOR DIESES BUCHES

– Herr Lemoine, wie entstanden die Illustrationen des Buches der Schöpfung?

– Ein neues Buch illustrieren zu dürfen, bedeutet vor allem und immer ein Glück, ein Erlebnis, es verspricht ein Abenteuer zu werden, ist eine vorbeiziehende Chance; es bedeutet auch die Möglichkeit, in die Mitte, in das Eigentliche dessen vorzustoßen, was das Werk ausmacht. Die Illustration des Buches der Schöpfung war ein Prozeß des Suchens, waren Monate der Arbeit, ein Jahr der Anstrengungen, der Enttäuschungen und schließlich der Hoffnungen.
Ein neues Bild ist manchmal fremd und leer; dies kann durchaus auch sehr schön sein. Ein Bild entsteht allmählich, es wächst.
Ein Bild ist wie ein Satz, der gesprochen wird, wie klingende Musik oder wie eine Sonate von Debussy. Es ist alles das zusammen. Träume vom anderen Ende der Welt. Ein werdendes Bild bedeutet aber auch eine Malpalette, bedeutet gelöschtes Licht am Abend und die Türe des Ateliers, die bis zum folgenden Tag geschlossen ist, auch diese Unruhe am nächsten Morgen, an dem man weitermachen muß.

– Sie selbst, lieben Sie die Wüste?

– Im April 1986, das Buch war bereits im Februar begonnen worden, reiste ich nach Israel mit der Absicht, die Wüste Negev zu durchqueren. Sie hat es gebracht! Ohne dieses Erlebnis hätten die Bilder nicht echt, nicht wahr sein können. Nicht mit Hilfe von Büchern? Nein! Wissen Sie: Diese Steine, diese Blumen in der Vertiefung der Steine, dieses Licht, diese Sanftheit! Die unwiederbringbare Bedeutung dieser Dinge. Dort mußte ich meine Bilder auskundschaften, meine Personen: Jonathan, Elias. Wir haben uns gefunden. Ja, ich liebe die Wüste!

– Gibt es für Sie in Ihrem Buch ein Bild, das wichtiger ist als andere?

– Ja, ich glaube das erste, das, bei dem ich darstellen wollte, wie die neugeborene Schöpfung sich aus dem Dunkel, dem Nichts erhebt, in ihrem ersten Entwurf. Ich liebe dieses Bild, es ist mein Bezugspunkt während der ganzen Arbeit geblieben. Wenn ich eine Entscheidung treffen mußte, tat ich es immer im Blick auf dieses erste Bild. Ich habe auf diese Weise, so habe ich den Eindruck, einen Zusammenhang, eine Einheit über das ganze Jahr hin aufrechterhalten können, in dem ich an dem Buch gearbeitet habe. Ich habe auf meine Art den ersten Morgen der Welt gemalt, und dann habe ich gearbeitet bis zum Abend.

Nachwort

Was geschah am Anfang?
Warum gibt es dich und mich?
Warum gibt es Licht und Dunkelheit,
die Frau und den Mann?
Warum gibt es unsere Erde neben
Millionen von Sternen?

Auf diese brennenden Fragen versuchten die Erzähler der Bibel mit den Geschichten von der Erschaffung der Welt und vom Paradies dem Volk Israel eine Antwort zu geben.
Sie haben diese Geschichten nicht selbst erfunden, sondern von den Kulturen des Alten Orients, von Babylon und Ägypten, übernommen. Aus ihrer Glaubenserfahrung formten sie die antiken Vorlagen zu den uns in der Bibel vorliegenden lehrhaften und erzählenden Texten um.
Alle Legenden über die Erschaffung der Welt und des Menschen sind das Ergebnis langen Nachdenkens und Grübelns. Sie sind auch der Beginn wissenschaftlicher Forschung.
Es sind Urgeschichten. Sie haben uns auch heute noch etwas zu sagen, weil darin die Grunderfahrungen jedes Menschen zum Ausdruck kommen. Für das Volk Israel waren sie die Antwort Gottes auf die Urfragen der Menschheit. Das sind sie bis heute geblieben.

Max Bolliger

Inhalt

5 Am Anfang
6 Es werde Licht
12 Am Firmament sollen Lichter sein
15 Junges Grün sprieße aus der Erde
20 In der Luft sollen Vögel fliegen
26 Seid fruchtbar und mehret euch
31 Ich will Menschen machen, die mir gleichen
35 Und Gott sah, daß alles gut war
41 Ich habe Angst, und ich verstecke mich

44 Die Genesis – das erste Buch der Heiligen Schrift
47 Fragen an Georges Lemoine, den Illustrator des Buches